AF295907

TABLES

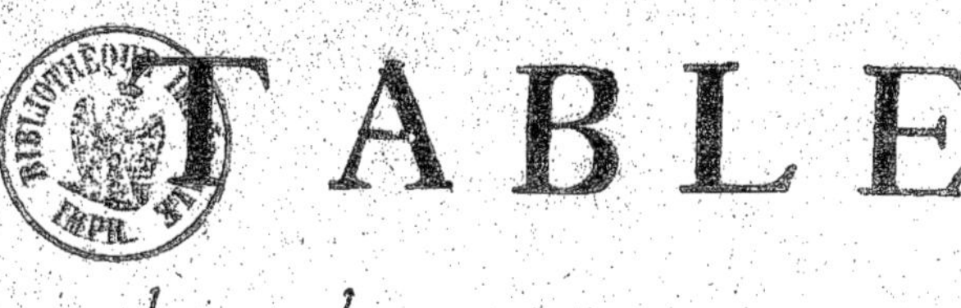

GÉNÉALOGIQUES

POUR

LA MAISON

DE LA BAUME-

MONTREVEL.

A COMTESSE de MONTREVEL dans l'administration de la Tutelle de son Fils, n'a rien trouvé qui lui ait paru mériter davantage son attention, que la défense des Droits & Prérogatives attachés à la Terre dont
il porte le nom.

Ces Prérogatives consistent entr'autres, dans le droit d'avoir au Comté de Montrevel un Juge de premiere Instance, qui connoisse de toutes causes & matiéres, à l'exception des Cas Royaux seulement, & un Juge d'Apel, dont les Sentences se relevent immédiatement devant les Juges en dernier ressort.

Ce double Privilége fut accordé à la Terre de Montrevel, lors de son érection en Comté en 1427.*

Les COMTES DE MONTREVEL en ont joui constament depuis ce tems-là.

. Malgré cette longue possession, fondée sur des Titres aussi clairs qu'authentiques, consacrés par leur enregistrement en la Cour Souveraine du ressort, confirmée, depuis la réünion de la Bresse, par tous les Rois prédécesseurs de *SA MAJESTE'*, on a entrepris d'enlever à cette Terre & à quelques autres de la même Province, ces marques de distinction.

C'est ce qui a donné lieu à un grand Procès que la **COMTESSE de MONTREVEL** a été obligée de reprendre depuis la mort de son Mari, qui dans les dernieres années de sa vie, l'avoit instruit ; mais il fut privé de la consolation de le voir terminé ; parce que le service de *SA MAJESTE'* & sa mauvaise santé l'empêcherent d'en poursuivre le Jugement.

Elle croit avoir suffisament répondu à toutes les objections du Présidial de Bourg. Cependant il en fait une dont la parfaite solution n'a pû trouver place dans un Factum.

Cette Prérogative de Jurisdiction que vous reclamez (dit-il en général aux Seigneurs qui sont Parties aux Procès) sont des décorations accordées à telle ou telle Terre, en faveur de la Maison qui la pos-

* Par Amé VIII. Duc de Savoye. Les Baronies qui y furent annexées en jouissoient dès auparavant.

sédoit. Alors les Titres les plus solemnels, la plus longue possession, ne peuvent en procurer la confirmation, si ces deux conditions ne concourent pas. Il faut que la Terre soit encore à la Maison qui les a obtenues. Il faut aussi que cette même Terre ait conservé la splendeur & le dégré de prééminence où elle étoit, losque le Souverain la jugea digne de l'attribution de ces Prérogatives.

*Quelque soit le mérite de cette objection, la C O M T E S S E de M O N T R E V E L fera voir qu'elle ne peut regarder son Fils. Il est prouvé dans ses Mémoires que la Terre de Montrevel n'est pas assurement déchûe de son ancienne dignité & splendeur. C'est le plus ancien Comté de la Province de Bresse, & même de tous les Etats de la Maison de Savoye. * C'est une des Terres les plus étendües du Royaume : Elle réünit six Baronies, & contient au moins vingt Bourgs ou Villages.*

Il n'est pas difficile de prouver que le même nom & le même sang en faveur de qui la Terre de Montrevel fut autrefois décorée de ces Prérogatives en demande aujourd'hui la confirmation.

C'est dans cette vûë qu'on a fait imprimer ces Tables Généalogiques. Les soins que prennent les grandes Maisons de conserver, de rassembler, & de publier même dans les occasions, les preuves de la noblesse de leur extraction, ne peuvent être que louables, quand ces preuves sont moins le fruit des recherches de la vanité, qu'une sorte d'hommage qu'on rend à la vertu dont on fait l'histoire ; & quand le but qu'on se propose est d'exciter dans les descendans l'amour de la gloire & de la patrie, en leur proposant comme un sujet perpétuel d'émulation, les mérites & les récompenses de leurs ancêtres.

Le premier de la Maison de la Baume dont l'Histoire nous ait conservé le nom, est SIGIBALD Chevalier, que l'Abbaye d'Ambronay met au nombre de ses Bienfaiteurs, & qui vivoit en 1140 & 1160.

C'est à ce Seigneur que commence la suite de dix-neuf filiations bien prouvées qui sont contenuës dans ces Tables. On n'a pû pénétrer au-delà du douziéme siécle, à cause de l'obscurité dont la barbarie de ces tems a couvert l'Histoire.

On trouvera dans cette Succession deux Cardinaux Archevêques de Besançon[a], deux Grands-Maîtres des Arbalêtriers [b], deux Maréchaux de France [c], un Maréchal & Amiral de Savoye [d], un Régent de Savoye & Tuteur d'Amé VI. [e], un Viceroi de Naples [f], dix-sept

---

[a] Voyez la Table générale, dégré 11 & 12.
[b] Dégrez 6 & 9.
[c] Dégrez 8 & 16,

[d] Dégré 7.
[e] Dégré 7.
[f] Dégré 12.

Gouverneurs & Lieutenans Généraux *de Provinces*, *trois* Chevaliers *de l'Ordre du Saint-Esprit* [g] ; *deux de Saint Michel fous Louis XII. & François I. quatre de la Toifon d'Or* [h] ; *& quatre de l'Annonciade* [i].

La Maifon de la Baume ne tire pas un moindre luftre de fes Alliances ; non feulement avec la plus haute Nobleffe du Royaume ; mais encore avec des Maifons Souveraines, Royales * *& Impériales ; avec les Ducs & Comtes de* BOURGOGNE [k], *les* MAISONS *de* COURTENAY [l], *de* DREUX [m], *de* LORAINE [n], *de* CHALON [o], *de* LUXEMBOURG [p], *de* SAVOYE [q], *de* SALUCES [r], *de* GENEVE [ſ], *de* FLANDRES [t], *de* MONTBELIARD [u], *d'*AUVERGNE [x], *de* POITIERS - VALENTINOIS [y], *&c.*

Telles font les Alliances, les Emplois & les Dignités qui pendant le cours de fix fiécles ont illuftré la Maifon de la BAUME-MONTREVEL.

Elle mérita la confiance & la faveur de la MAISON DE SAVOYE. *Elle fignala fon zéle pour l'*AUGUSTE MAISON DE FRANCE, *dès le tems de Philippe de Valois, bien auparavant qu'elle eût aucun établiffement dans ce Royaume. Sa fidélité & fon attachement qui ne fe font point démentis, engagérent d'abord* FRANÇOIS I. *&* HENRI II. *& depuis la réünion de la Breffe,* HENRI IV. *& fes Succeffeurs* LOUIS XIII. *&* LOUIS XIV. *à lui confirmer les Droits & les Prérogatives dont elle devoit la conceffion à fes premiers Souverains.*

Toutes ces circonftances femblent juftifier la confiance avec laquelle la COMTESSE DE MONTREVEL *efpere que le Confeil de* SA MAJESTE *lui confervera des Priviléges fi précieux.*

[g] Dégrez 14, 15 & 16.
[h] Dégrez 9, 10 & 11.
[i] Dégrez 7, 8, 9 & 12.
[k] *Voyez* pour les Ducs de Bourgogne les Tables A, B, C, D & M ; pour les Comtes de Bourgogne les Tables B, C & D.
[l] Tables A & B.
[m] Table B.
[n] Tables D & N : on verra dans cette derniere que la mere de la Comteffe de Montrevel avoit l'honneur d'être parente au Ve dégré de LEOPOLD, *Duc* de LORRAINE, & de la *Princeffe* de Lambefc.
[o] Tables B, C, D, E & F.
[p] Tables D & M.
[q] Tables A, B, C, D & H.
[r] Table H.
[ſ] Tables B & F.

[t] Tables D & G.
[u] Tables D & G.
[x] Table N.
[y] Table C.

* *Jeanne* de la *Tour-d'Irlains*, une des ayeules du Comte de Montrevel, avoit pour fixiémes ayeux PIERRE de COURTENAI, *Empereur* de C. P. & HUGUES *Duc* de BOURGOGNE ; *Jeanne* de *Chalon* décendoit du côté paternel, d'ADALBERT & de BERENGER, *Rois* d'ITALIE, & du côté maternel de ROBERT I. *Roi* de FRANCE par les Ducs de BOURGOGNE & de LOUIS le *Gros* par les Maifons de DREUX & de COURTENAI. *Bonne* de *Neuchâtel* comptoit parmi fes ancêtres maternels l'*Empereur* FREDERIC BARBEROUSSE, & *Claire-Françoife* de *Saulx* les Rois JEAN, & CHARLE V. *Voyez* les Tables A, B, D, L, M.

GENEALOGIE
de la Maison de la BAUME-MONTREVEL.
Tirée de Guichon dans son Histoire de Bresse.

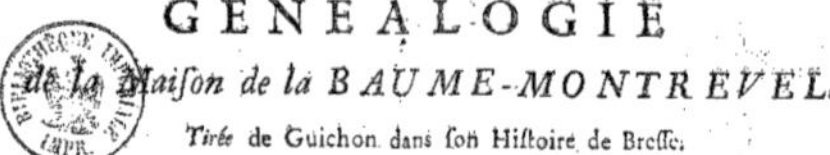

1. SIGEBALD de la Baume, Chevalier, vivant en 1146 & 1180, fit des donations à l'Abbaye d'Ambronay.

2. BERNARD de la Baume, Chevalier, bienfaiteur de la Chartreuse de Seillons, l'an 1190.

3. ISMIO de la Baume, Chevalier, bienfaiteur de la Chartreuse de Meyria, l'an 1215.

4. GIRARD de la Baume † f. p. — PHILIPPE, Chevalier. — ETIENNE de la Baume, Chevalier, donna l'an 1266 aux Chartreux de Meyria ce qu'il avoit au territoire de Rosieres & d'Hierettes, & fit hommage l'an 1271 au Seigneur de Bresse & de Bugey de ce qu'il tenoit à Marmont, & à Chassignolé. Il épousa Marine de la BALME. — THIBERT. — BUREL. — AGNARD de la Baume 1266, ép. Elisabeth de BEFFIERS.

5. PIERRE de la Baume, Chevalier, Seigneur de Valufin, Bailli de Bresse, de Bugey & de Novalesse, fit hommage au mois de Janvier 1308 à Renaud de Bourgogne, Comte de Montbelliard, de ce qu'il avoit en la Châtellenie de Tramelai, la Bastie, Bessay & Genoux; épousa Marguerite fille d'Bitienne, Seig. de VASSALIEU. — JOSSERAN de la Baume, Seigneur de Cirins. — GUICHARD de la Baume; Châtelaine Comte de Lieu & de Saint Just, testa en 1309.

6. ETIENNE de la Baume II. du nom, dit le GALOIS, Chevalier, Seigneur de Valufin, Montrevel, l'Abergement, Montfort, Bourgpos, Mourargey-le-Templier, servit dès son jeune âge Amé le Grand Comte de Savoye, puis le Comte Edouard. Il fut l'un des Arbitres qui terminerent en 1319 les différends entre les Comtes de Savoye & de Genève, & la même année il décida en l'Assemblée des Etats de Savoye de la Succession de cet Etat en faveur des enfans mâles, &c. Il fut fait GRAND-MAISTRE des Arbalétriers de France en 1338. L. G. pour le Roi en Languedoc & en Saintonge, testa le 10 Août 1361, & vivoit encore en 1363. Il épousa Alix de CHATILLON, Dame de Montrevel, fille & Héritière de Renaud de Châtillon, Seigneur de MONTREVEL. — VERRUQUIER de la Baume, Seig. du Broces, Conseiller d'Amé VI. Comte de Savoye, se trouva en cette qualité au mariage de ce Prince avec Jeanne de Bourgogne. — GUICHARD de la Baume; Doyen de l'Abbaye de Tournus 1330. — ETIENNE de la Baume, Chevalier, puis Doyen de l'Eglise de Lyon. — Sibille de la Baume épousa Etienne GARD; 1339.

7. GUILLAUME de la Baume, Seigneur de l'Abergement fut un des plus illustres de cette Maison; Elevé en place il mérita par ses services dans les Guerres de Flandres, de Bretagne & de Gascogne, une pension considérable du Roi, qui le reçut son Conseiller & Chambellan. Etant depuis à la Cour de Savoye, il fut nommé Régent de Savoye & Tuteur d'Amé VI. dit le Vert C. de Savoye auquel il rendit des services considérables. Il † avant son pere en 1360 d'une blessure reçue au Siege de Saignent. Il épousa 1°. l'an 1348 Clemence de la PALU fille de Pierre, Seigneur de Varembon. 2°. Le premier Juin 1357 Consanguine ALLEMAN, Dame d'Anbonne & de Hugue Alleman, Seigneur de Valbonais & de Sibille de Châteauneuf. Elle le remaria à François; Seigneur de Sassenage & testa le 6 Août 1376. — Lurie de la Baume, Dame de Curtafrey, épousa en 1363 Amé, Seigneur de VIRT en Genevois. — Guillaume bâtard de la Baume. — ETIENNE bâtard de la Baume, Seigneur de Saint Denis en Bugey, Maréchal & Amiral de Savoye, Chevalier de l'Ordre du Collier appellé depuis de l'Annonciade en 1362, se signala à la prise de Gallipolis; il testa en 1402, épousa Françoise de RACIN.

8. 1. PHILIBERT de la Baume, Chevalier Seigneur de Montrevel, de Marbos & de l'Abergement, vivoit en 1385 & † f. al. — 1. Beatrix de la Baume, ép. 1°. 1360 Simon, Seigneur de SAINT-AMOUR. 2°. Tristan de CHALON, Seigneur de Chateauvillain. — 1. Alix de la Baume ép. 1°. en 1360 Jean de CORGENON, Seigneur de Meillonas. 2°. 8 Mai 1361 Gui de MONTLUEL, Seigneur de Châtillon. — 1. JEAN de la Baume, premier Comte de MONTREVEL créé en 1417, Seigneur de Valufin, de Mongesson, Marbos, Foissia, l'Abergement; reçut en 1383 le Comté de Cynople en Calabre, pour les services qu'il avoit rendus au Duc d'Anjou, qui lui avoit donné la conduite de ses Troupes pour la conquête de Naples & de Sicile. Il fut Conseiller & Chambellan du Roi & du Duc de Bourgogne, Prevôt & Gouverneur de Paris, & créé MARECHAL de FRANCE en 1422, Chevalier de l'Annonciade; testa le 13 Janvier 1435. épousa le 1 Novembre 1384 Jeanne de LA TOUR-FIRLAINS, Dame d'Irlains & d'Arconciel en Suisse. Voyez ci-après la Table A. — Antoinette de la Baume, épousa N... Seigneur de SALLENEUVE. — Isabelle de la Baume, épousa Louis de RIVOIRÉ, Seigneur de Bilmont.

9. Guillaume, bâtard de la Baume † en 1430, ép. Gillette de DORTANS. — Année bâtarde de la Baume, ép. Antoine de MONSPET, Seigneur de la Tour de Koglonge. — JEAN II. de la Baume, Chevalier Seigneur de Bonrepos, de Valufin & de Pesmes, Fébançon du Duc de Bourgogne, Conseiller & Chambellan du Roi, Prevôt de Paris en 1410, † avant son pere, épousa le 10 Août 1400 Jeanne de CHALON, Comtesse de Tonnerre & d'Auxerre en partie. † le 16 Mai 1431. Voyez la Table B. — JACQUE de la Baume, Seigneur de l'Abergement, Marbos, Montfort, Noyers, Sermoyé & Marillon, GRAND MAISTRE des Arbalétriers de France en 1428; L. G. pour le Roi és Pays de Gevaudan, Vivarez & Valentinois Chev. de l'Ann. Bailly, & L. G. pour le Duc de Savoye en Bresse, qu'il préserva par sa prudence contre les Compagnies nommées des Escorcheurs, qui avoient ravagé les Provinces voisines. Il testa le 11 Avril 1466 en faveur de ses neveux, ép. 1°. Catherine de THURET, fille & Héritière de Gerard, Seigneur de Noyers, & de Gillette de Coligni, 1°. Jacqueline de SEYSSEL, f. p. — PIERRE de la Baume. Voyez la TABLE suivante. — Antoinette de la Baume, Dame d'Attalens, ép. Antoine, Seigneur de SAINT-TRIVIER, 24 Octobre 1405. — Jeanne de la Baume, ép. Claude, Seigneur de SAINT-AMOUR & de Châteauneuf.

10. CLAUDE de la Baume II. Comte de MONTREVEL, Chevalier Seigneur de Valufin, Foissia, Bonrepos, Saint-Etienne, Montriblod, Uffel, Bassy, Marigni, la Roche du Vanel, Saint-Martin le Châtel, Vicomte de Ligui, &c. Conseiller & Chambellan des Rois Charles VII. & Louis XI. des Ducs de Bourgogne & de Savoye, & Gouverneur des deux Bourgognes; il fut l'un des deux cent Gentilshommes qui jurerent en 1455 le traité d'Alliance fait entre le Roi & le Duc de Savoye, ép. le 9 Septembre 1417 Gasparde de LEVIS. Voyez la Table C. — 1. Françoise de la Baume, Dame de Noyers & de Morillon; † f. p. en 1419, épousa le 10 Juin 1439 Jean de SEYSSEL, Seigneur de la Rochetta, Maréchal de Savoye.

11. JEAN III. de la Baume, III. Comte de MONTREVEL, Chevalier, Vicomte de Ligni, Seigneur de Valufin, Foissia, Montferrand, Bonrepos, Saint-Sorlin, Saint-Etienne, Valey, Presilly, Pesmes, &c. Conseiller, Chambellan de Charles Duc de Bourgogne & du Roi Louis XI. qui l'établit Capitaine de Paris en 1467. Epousa le 5 Mai 1467 Bonne de NEUCHATEL. Voyez la Table D. — CLAUDE de la Baume, Chevalier Seigneur de l'Abergement, Vicomte de Ligni-le-Châtel, Conseiller & Chambellan de Charles Duc de Bourgogne, & des Rois Louis XI. & Charles VIII. testa le 2 Avril 1502, épousa Marie d'OISELET. — Louise de la Baume, ép. le 11 Mars 1455 Ferri de CUSANCE, Seigneur de Cusance, & de Belvoir. — Claudine de la Baume ép. le 14 Janvier 1416 Claude de la GUICHE, Chevalier Seigneur de Chaffaut. — PHILIBERT, bâtard de la Baume, Seigneur de Grauchamp a laissé postérité.

12. Bonne de la Baume, mariée avec dispense du 10 Juillet 1488 avec son cousin Marc de la Baume, V. Comte de MONTREVEL. Voyez la Table suivante, degré XI. — Claudine, bâtarde de la Baume, mariée le 14 Juin 1501 à Pierre d'ESTRÉES, Ecuyer, Seigneur de l'Espinoy.

Suite des Comtes de la BAUME-MONTREVEL.

PIERRE de la BAUME, Chevalier Seigneur du Mont-Saint-Sorlin, Frlains, Beauvernai, la Roche-du-Vanel, Sermoys, Attalens, Chevalier de la Toison, &c, Enfant Trouvebant du Duc de Bourgogne en 1418, étoit troisième fils de JEAN de la BAUME, premier Comte de Montrevel & de Jeanne de la Tour-d'Illains, épousa le 2 Mars 1425 Alix de LUIRIEUX. Voyez la Table B.

10.
- Jean, Religieux à Cluni.
- QUENTIN de la Baume, Seig. de Saint-Sorlin, Chambellan du Duc de Bourgogne, fut tué à Granson le 2 Mars 1476, épousa Claude de TORAISE.
- GUILLAUME de la Baume, Chevalier Seigneur d'Irlains, Marbos, Chevalier de la Toison, Gouverneur de Bresse & des deux Bourgognes, † en Août 1490, épousa Henriette de LONGVY.
- GUI de la Baume, Chevalier Seigneur de la Roche-du-Vanel & d'Attalens, puis IV. Comte de Montrevel, Chevalier de la Toison d'Or, Chevalier d'Honneur de Marguerite d'Autriche, Duchesse de Savoye, l'an 1516, ép. Jeanne de LONGVY. Voyez la Table F.
- Alix de la Baume, épousa 1°. le 11 Avril 1442 Guillaume de SAINT-TRIVIER, 2°. Claude de LUGNY, Seig. de Roffey.
- Jeanne de la Baume, † en 1520 âgée de quatre-vingt-dix-sept ans, épousa Claude de DINTEVILLE, Seig. des Chenets.
- Françoise de la Baume, épousa Antoine de SAIX, Seigneur de Roffins en Beaujolois.

11.
- MARC de la Baume, Chevalier, V. Comte de Montrevel, Vicomte de Ligui-le-Châtel, Baron de Grançey, Seig. de Châteauvillain, Montribloid, Ausilly, Vaisillu, Saint-Martin-le-Châtel, Bontepos, &c. Conseiller, Chambellan du Roi, Chevalier de son Ordre, Capitaine de cinquante Lances, L. G. au Gouvernement de Champagne & du Brie, † après 1527, épousa 1°. sa cousine Beatrix de la BAUME. Voyez ci-devant degré II. 2°. en 1508 Anne de CHATEAUVILLAIN, Veuve de Jacques de Dinteville, Grand Veneur de France, & fille de Jean VI. Seigneur de Châteauvillain, & de Marie d'Estouteville.
- JEAN de la Baume, Chanoine & Comte de Lyon, Abbé de saint Claude, de Charlieu, de Notre Dame de Pignerolles; de saint Just de Sure, de Monstier-saint-Jean, Prieur du Saint Empire, Evêque de Tarfe, puis de Genêve en 1513, Ambassadeur de Besançon, Cardinal en Janvier 1537, l'un des Confidens & Ministres de l'Empereur Charles V. † à Arbois le 4 Mai 1544.
- CLAUDE de la Baume, Baron de saint Sorlin, Seig. de Châtenoi, Presilly, Beaulieu, Montriblod, Beauregard, Vernantois, Bessiat & Cremençey, Bailli d'Amont, Maréchal & Gouverneur du Comté de Bourgogne, Conseiller & Chambellan ordinaire de l'Empereur, Roi d'Espagne, Chevalier de la Toison d'Or 1531, † en 1541, épousa 1°. le 30 Août 1501 Claudine de TOULONJON, † (. p. fille de Marc de Toulonjon & d'Agnes de Bauffremont, 2°. le 18 Décembre 1532 Guillemette d'IGNY. Voyez la Table I.
- Louise de la Baume, épousa Claude de SAVOISI, Seig. de Seignelai le 2 Octobre 1471.
- Jeanne de la Baume, † le 6 Mai 1517, épousa Simon de RYE, Seig. de Balanson.

12.
- FRANÇOIS de la Baume, Baron de Saint Sorlin † avant son père (. p. épousa Claude de PRIE.
- JEAN de la Baume, III. du nom, VI. Comte de Montrevel, Chevalier de l'Ordre du Roi, Capitaine de cinquante Lances, Gouverneur & L. G. pour le Roi és Pays de Savoye, Bresse, Bugey & Valromei 1540. † en 1552. Il épousa 1°. le 4 Avril 1527 Françoise de VIENNE. Voyez la Table G. 2°. le 8 Août 1531 Avoye d'ALEGRE, (. p. 3°. le 28 Juillet 1536, Helene de TOURNON, Dame de Vassalieu. Voyez la Table H.
- Etiennette de la Baume, troisième femme de Ferdinand de NEUCHATEL, Seigneur de Montagu 1514.
- Claudine de la Baume ép. Aimar de PRIE, Grand Maître des Arbaletriers de France.
- 1. JOACHIN de la Baume, premier Comte de Châteauvillain, Baron de Grançey, Seig. de Salongé, Presle, Veloroy, Thil, Mitenqui, Gouverneur & L. G. au Duché de Bourgogne l'an 1549. † ..... épousa le 2 Janvier 1535 Jeanne de MOY, f. de Nicolas, Seigneur de Moi, & de Françoise de Tardes.
- Anne de la Baume, épousa 1°. en 1516 Pierre d'AUMONT, Seig. d'Estrabone, 2°. Jean de HAUTEMER, Seigneur de Fervaquel.
- Catherine de la Baume, épousa Jacque d'AVAUGOUR, Seigneur de Courtalain.
- FRANÇOIS de la Baume, Chevalier, Baron de saint Sorlin, puis VII. Comte de Montrevel, Baron de Marbos & de Montriblod, Seig. de Saint Etienne du Bois, de l'Abergement, &c. Conseiller, Chambellan du Duc de Savoye, Bailli d'Amont, Gouverneur de Savoye, de Bresse, de Bugey & de Valromei, Chevalier de l'Annonciade en 1519, &c. † en 1563. Epousa Françoise de la BAUME-MONTREVEL, la cousine. Voyez le degré XIII.
- CLAUDE de la Baume, Abbé Commendataire de Charlieu & de saint Claude, Archevêque de Besançon 1545, Prince du saint Empire, Cardinal 1578, Vicerai de Naples, † le 14 Juillet 1584.
- Perone de la Baume épousa l'an 1560 Laurent de GORREVOD, Comte de Pont-de-vaux.
- Claudine Religieuse à Château-Châlon, puis Abbesse de saint Andoche.
- Prosper bâtard de la Baume, Abbé de Begars, Evêque de saint Flour.

13.
- 1. Aimée de la Baume, Dame de la Ferté Chaudron, épousa le 16 Décembre 1546 Jean, premier Marquis de la CHAMBRE, Vicomte de Maurienne.
- 1. Françoise de la Baume, testa le 18 Avril 1608, épousa le 16 Décembre 1546 Gaspard de SAULX, Seig. de Tavanes, Maréchal de France.
- 3. Françoise de la Baume, épousa 1°. le 17 Septembre 1548 François de la BAUME, Baron de saint Sorlin, âgré 11. 2°. le 20 Novembre 1566 François de KERNEVENOI, Seig. de Carnavalet, Grand Ecuyer & Gouverneur du Duc d'Anjou.
- Antoinette de la Baume, Comtesse de Châteauvillain, première femme de Jean d'ANNEBAUT, Baron de la Hunaudaye.
- ANTOINE de la Baume, VIII. Comte de Montrevel, Chevalier, Marquis de Saint Martin-le-Châtel, Baron de Mont-saint-Sorlin; Foissia, Marbos & Montrihlod, Seigneur de Saint-Etienne-sur-Reyssouse, l'Abergement, Bourepos, Saint-Etienne-du-Bois, Valoy, Presilly, Igai, Châtenois, Saint-Julien, Broye, Gentilhomme ordinaire de la Chambre, Premier Gentilhomme de la Chambre du Duc de Savoye, Capitaine de deux cent cinquante Lances pour le Roi Catholique, Grand Ecuyer & Colonel Général de l'Infanterie du Comté de Bourgogne, Maréchal de Camp & L. G. au Gouvernement de la Franche-Comté, tué au siège de Veloul en 1595 à l'âge de trente-huit ans. Il épousa le 20 Février 1583 Nicole du MONTMARTIN. Voyez la Table K.
- EMMANUEL PHILIBERT de la Baume, Gentilhomme ordinaire de la Chambre du Roi, & du Duc d'Anjou, tué en Flandres.
- PROSPER de la Baume, né le 20 Mars 1563, Protonotaire Apostolique, Chanoine & haut Doyen de l'Eglise de Besançon 1595, Abbé de Charlieu du-Miroir, & de Saint-Paul, † le 7 Janvier 1599.
- Marguerite de la Baume, Dame de saint Sorlin, née le 1 Novembre 1559. Epousa 1°. le 11 Décembre 1591 Aimé de la BAUME, Seig. de Crevecœur, 2°. le 14 Décembre 1598, Affricain d'ANGLURE, Prince d'Amblize.
- Anne de la Baume, née le 13 Janvier 1564, épousa Charle-Maximilien GRILLET, Comte de Saint Trivier, premier Chambellan du Duc de Savoye.

* Ce Seigneur expirant entre les bras du Roi, de la blessure qu'il avoit reçue à ce siege, il lui dit ces paroles qu'un Auteur nous a conservées: *Je ne me repens pas, Sire, d'avoir vécu, puisque je meurs pour Votre Majesté, ni de mourir, n'ayant vécu que pour elle, j'eusse bien pû vivre plus longtems, mais non pas plus glorieusement; ainsi puissent vivre & mourir mes Enfans.* Gramundus Hist. Gal. lib. 8.

14.
- CLAUDE-FRANÇOIS de la Baume, Chevalier IX. Comte de Montrevel, Baron de Marbos, Foissia, Seigneur de l'Abergement, Bonrepos, Courlant, Saint-Etienne-du-Bois, Cicon-Loulans, Presilly, Mestre de Camp du Régiment de Champagne, Gouverneur des Villes de Sauveterre & d'Oleron, Conseiller d'Etat, nommé le 11 Avril 1619 Chevalier des Ordres du Roi, Maréchal de ses Camps & Armées en 1621, † au siège de Saint Jean d'Angeli le 31 Mai 1621. * Epousa par Contrat du 5 Juin 1602 Jeanne d'AGOUT-DE-MONTAUBAN. Voyez la Table L.
- Claudine-Prospere de la Baume, née le 13 Mai 1588. Epousa le 20 Août 1608 Claude de RYE, Baron de Balanson, Gouverneur de Breda.
- Marguerite de la Baume, née le 20 Août 1590, Abbesse de Saint Andoche d'Autun.
- PHILIBERT de la Baume, Marquis de Saint Martin, né le 26 Mars 1586, fait en 1601 Chev. par l'Archiduc Albert, épousa Lambertine de LIGNE, femme de Lamoral, Prince de Ligne & du saint Empire, Grand d'Espagne, & de Marie de Melun. Elle se remaria à Christophe d'Assisise, Comte de Rietberg, puis à Jean-Baptiste de la Baume.
- JEAN-BAPTISTE de la Baume, Baron de Montmartin, Gouverneur du Comté de Bourgogne, Lieutenant Général des Armées du Roi Catholique au Comté de Bourgogne, Général de l'Artillerie en Allemagne, † (. p. Ep. l'an 1540 Lambertine de LIGNE, veuve de son frère, & du Comte de Rietberg.

15.
- FERDINAND de la Baume, Chevalier X. Comte de Montrevel, Marquis de Saint-Martin & de Savigni-sur-Orge, Baron de Marbos, Foissia, Coeulson & de Vaudrey, Seig. de l'Abergement, Saint Etienne, Saint Julien, Presilly, &c., Mestre de Camp du Régiment de Champagne, Chevalier des Ordres du Roi en 1661, Conseiller d'Etat, Capitaine de cent hommes d'Armes, Maréchal de Camp & Lieutenant Général és Pays de Bresse, Bugey, Gex & Comté de Charolois; † le 20 Novembre 1678, âgé de soixante-cinq ans, épousa le 1 Octobre 1623 Marie OLLIER, fille de François Ollier, Seigneur de Nointel, & de Françoise Bouhier.
- Marie de la Baume, † le 22 Juillet 1668. Epousa Esprit AIART, Seig. d'Esplan, Gouverneur de Meulan.
- Marguerite de la Baume, épousa François de GALLES, Baron de Mirebel en Dauphiné.
- CHARLES de la Baume, a fait la branche des Marquis de SAINT MARTIN. Voyez la Table suivante.
- Albertine-Marie de la Baume, † en 1665, épousa 1°. Ernest-Christophe d'OESTFRISE, Comte de Rietberg, 2°. Charles de la BAUME, Marquis de Saint Martin, son cousin germain.

16.
- CHARLES-FRANÇOIS de la Baume, Marquis de Saint Martin, † avant son père au mois de Mai 1666, épousa le 2 Janvier 1647 Claire-Françoise de SAULX de TAVANES. Voyez la Table X.
- LOUIS, Prieur de Marbos, † le 22 Juillet 1679.
- FRANÇOIS Chevalier de Malthe † ....
- NICOLAS-AUGUSTE de la Baume, Marquis de Montrevel, né le 25 Novembre 1645, Maréchal de France le 14 Janvier 1703, Chevalier des Ordres du Roi le 2 Février 1705, † le 11 Octobre 1716 sans postérité, épousa 1°. le 5 Mai 1665 Isabeau de VAIRAT de Paulian, Veuve du Marquis de Soliers & du Comte d'Usez; 2°. Jeanne-Aimée de RABODANGE, Veuve du Marquis de Grançey.
- Marie de la Baume, Abbesse de saint Audoche.
- Isabelle-Esprit de la Baume, épousa le 17 Février 1648 Louis Armand, Vicomte de POLIGNAC.

17.
- JACQUES-MARIE de la Baume, Chevalier XI. Comte de Montrevel, Mestre de Camp de Cavalerie en 1675, Brigadier le 30 Mars 1691, tué à la bataille de Nerwinde le 29 Juillet 1693; épousa le 11 Mai 1675 Adrienne-Philippine-Thérèse de LANNOY, Comtesse du saint Empire, fille de François, Prince de Suimone, Comte de Launoy & du saint Empire, Baron de Wasner, & de Mechtilde de Berghes, † le 29 Mars 1710.
- ESPRIT de la Baume, Abbé de saint Cervin & de saint Germain, Diocèse d'Autun, † en Septembre 1722.
- EUGENE de la Baume, Chevalier de Malthe, Mestre de Camp de Cavalerie, † en 1731.
- Marguerite de la Baume, † en odeur de sainteté le 29 Octobre 1714.
- Marie-Josephe de la Baume, née en 1666, vivante en 1747.

18.
- NICOLAS-AUGUSTE de la Baume, XII. Comte de Montrevel, né en 1680, Capitaine de Cavalerie, tué en Italie le 27 Octobre 1701.
- MELCHIOR-ESPRIT de la Baume, Chevalier XIII. Comte de Montrevel, &c. Maréchal des Camps & Armées du Roi, † le 18 Janvier 1740. Epousa le 23 Juillet 1731 Florente du CHATELET, fille de Florent du Chatelet, Comte de Lomont, & de Gabrielle-Charlotte du Chatelet. Voyez la Table N.
- JEAN-BAPTISTE de la Baume, dit le Marquis de Montrevel, Capitaine de Cavalerie, † de ses blessures en 1711.

19.
FLORENT-ALEXANDRE-MELCHIOR de la Baume, XIV. Comte de Montrevel.

Branche des

Branche des *Marquis* de S^t. MARTIN, *Barons* de PESMES.

15 CHARLE de la BAUME-MONTREVEL, *Marquis* de S. Martin, *Baron* de Pesmes second fils de Charle-François de la Baume, IX. *Comte* de Montrevel, & de Jeanne d'Agout de Montauban ; fut Colonel du Régiment de Bourgogne au service d'Espagne. Il épousa 1°. sa cousine germaine *Albertine - Marie* de la *BAUME*, veuve du Comte de Reitberg. 2°. L'an 1663. *Terese-Anne- Françoise* de *TRASIGNIES*, f. d'Othon, Marquis de Trasignies, & de Jaqueline de Lalain - Hochstraat. **15**

16

1. FRANÇOIS-ANDRE', † jeune.

2. CHARLE-ANTOINE de la BAUME-MONTREVEL, Marquis de S. Martin ; Baron de Pesmes, † 23 Juillet 1745. ép. *Marie-Françoise* de POITIERS, f. de Ferdinand - François, C. de Poitiers ; Baron de Vadans, & de Margueritte d'Achey ....

Marie - Françoise de la BAUME, ép. le 9 Av. 1684. Fr. Joseph *DAMAS* du Breuil, *Marquis* d'Antigni.

Albertine - Brigite de la BAUME, ép. le 4 Juin 1687. Charle de *GAUCOURT* de Cluys ; L. Gen. au Gouvernement de Berri. **16**

17 CHARLE - FERDINAND - FRANÇOIS de la BAUME - MONTREVEL, Marquis de S.Martin, né au mois de Mai 1695, Colonel du Régiment de Rouergue en 1719, puis Mestre de Camp de Cavalerie, † en 17... ép. en Juillet 1723 *Elisabeth-Charlotte* de *BEAUVAU*, f. de Marc ; Prince de Craon & du S. Empire, & de Margueritte de Ligneville.

FREDERIC - EUGENE, dit le *Comte* de la BAUME, Colonel du Régiment de Rouergue, Brigadier ; † en Avril 1735.

18 ESPRIT-MELCHIOR de la BAUME-MONTREVEL, *Marquis* de S. Martin, *Baron* de Pesmes, né au mois d'Août 1733.

Table A.   Extraction de JEANNE de la *TOUR D'IRLAINS*, dégré VIII. de la Généalogie.

THOMAS I. C. de SAVOYE, ép. *Margueritte* de FAUCIGNI.

THOMAS II. C. de MAURIENE, ép. *Beatrix* de FIESQUE.

Eleonore de SAVOYE. —

GUI III. Comte de FOREZ.

GUI IV. C. de FOREZ. —

RENAUD I. C. de FOREZ, ép. *Isabeau*, Dame de BEAUJEU.

LOUIS, *Sire* de BEAUJEU.

Eleonore de BEAUJEU. —

GUI II. Sire de DAMPIERRE, ép. *Mahaud*, Dame de BOURBON.

Mahaud de DAMPIERRE.

EUDES III. *Duc* de BOURGOGNE ; ép. *Alix* de VERGI.

Beatrix de Bourg. ép. HUMBERT III. Sire de THOIRE-VILLARS.

HUMBERT IV. Sire de THOIRE & de VILLARS, ép. *Margueritte* de la TOUR-DU-PIN.

HUMBERT V. *Sire* de THOIRE & de VILLARS.

ALEXANDRE de BOURGOGNE, Seig. de Montagu.

EUDE, *Seigneur* de MONTAGU. —

GUILLAUME I. *Seigneur* de MONTAGU.

GUILLAUME II. *Seig.* de MONTAGU.

EUDES, dit le *Grand*, Seig. de MONTAGU ; ép. *Jeanne* de STE CROIX.

PIERRE II. *Seig.* de COURTENAI ; Empereur d'Orient, ép. *Isabeau* de HAINAUT.

Elisabeth de COURTENAI.

JEAN de VILLARS, Seigneur de Montellier. — *Agnès* de MONTAGU.

Jeanne de VILLARS, femme d'ANTOINE de la *Tour*, Chevalier, Seigneur d'Irlains, d'Arconciel en Suisse, & de Chatillon en Valais.

Jeanne de *LA TOUR*, heritiere d'Irlains, d'Arconciel & de Chatillon ; ép. JEAN de *LA BAUME*, premier *Comte* de MONTREVEL ; *Maréchal* de France ; *Chevalier* de l'Ordre du *Camail* autrement dit du *Porc-Epi*.

A

Table B.   Extraction de JEANNE de *CHALON*, degré IX.

ADALBERT, f. de *BERENGER*,
Rois d'Italie.

ROBERT, *Roi*
de France, dont
étoit iſſu

OTTE-GUILLAUME I. C.
de BOURGOGNE,
ép. *Ermentrude* de ROUCI.

RENAUD I. C. de BOURGOG.
ép. *Adelais* de NORMANDIE.

GUILLAUME I. C. de BOURG.
ép. *Etiennette* de VIENNE.

LOUIS VI.
Roi de
FRANCE.

EUDES III.
D. de BOURGOGNE,
ép. *Alix* de
VERGI.

ETIENNE I. C. de BOURGO-
GNE; ép. *Beatrix*

THOMAS I.
Comte de SAVOYE,
ép. *Marguerite*
de FAUCIGNI.

GUILLAUME, C. de VIENNE,
ép. *Alix* Dame de TRAVES.

PIERRE de
FRANCE, *Seign.*
de COURTENAI.

GUILLAUME
I. C. de
GENEVE.

HUGUES IV.
D. de BOURGOGNE.
ép. *Joland*
de DREUX.

ETIENNE, C. d'AUXONNE;
ép. *Judith* de LORRAINE.

ROBERT de
COURTENAI,
Seigneur de
CHAMPIGNELLE.

GUILLAUME
II. C. de
GENEVE.
ép. *Alix* de la
TOUR-DU-PIN.

ROBERT de
DREUX, *Sire*
de Beu, iſſu du *Roi*
LOUIS VI.
le Gros.

THOMAS II.
C. de MORIENNE,
ép. *Beatrix*
de FIESQUE.

ETIENNE, C. de BOURGOGNE,
ép. *Beatrix*, Comteſſe
de CHALON.

EUDES de
BOURGOGNE,
ép. *Mahaud*
de BOURBON.

JEAN, dit le *Sage*, C. de
CHALON.

Iſſabeau de
COURTENAI.

RODOLPHE
C. de GENEVE,
ép. *Marie*
de COLIGNI.

ROBERT de
DREUX, *Grand
Maitre* de France.

AME' V. Comté
de SAVOYE;
ép. *Sibille*,
de BAUGE'.

Beatrix de DREUX;
ép. THIBAUD IV.
Sire de
MATHESELON.

Alix de BOURGOGN.
Comteſſe d'Auxerre. — JEAN de CHALON, *Seig.* de Rochefort.

Léonore
de SAVOYE. — GUILLAUME de CHALON, C. d'Auxerre
& de Tonnerre.

Alix de CHALON. — AME' II.

Marie de
JEAN III. de CHALON, C. d'AUXERRE & de TONNERRE. — GENEVE.

JEAN III. de CHALON; *Grand Bouteillier*
de France; ép. *Marie* CREPIN.

Jeanne de
MATHESELON; ép.
Guillaume, *Seig.*
de PARTHENAI.

Outre cette alliance, la Maiſon de la BAUME-
MONTREVEL, *en avoit déja eu une avec la Maiſon de*
CHALON, *par le mariage de Beatrix de la* BAUME-
MONTREVEL *avec* Triſtan *de* CHALON, Seig. de
Chateaubellin.

LOUIS de CHALON, C. de Tonnerre,
Seig. de S. Aignan, Valençay, Selles. ———— *Margueritte* de
PARTHENAI.

Jeanne de CHALON, *Comteſſe* de TONNERRE en partie;
épouſa JEAN de *LA BAUME*, *Seign.* de Bonrepos.

Table C.   Extraction de GASPARDE de *LEVIS*, degré X.

ROGER d'ANDUZE,
Seign. de la Voute;
ép. *Joſſerande* de
POITIERS.

HUGUE, *C. Pal.*
de BOURGOGNE;
ép. *Alix* de
MERANTE.
Voy. la Table D.

BARRAL, *Sire*
de BAUX; ép.
Sibille d'ANDUZE.

PHILIPPE I.
de LEVI; ép.
Beatrix, Vicomteſſé
de LAUTREC.

HUMBERT III.
Sire de THOIRE &
de VILLARS; ép.
Beatrix, f. d'Eude III.
D. de BOURGOGNE.

JEAN de CHALON;
ép. *Alix*, f. d'Eude
de BOURGOGNE
& de Mahaud
de BOURBON.

BERMOND
d'ANDUZE, *Seig.*
de la Voute;
ép. *Raimbaude*
de SIMIANE.

Hippolitte de
BOURGOGNE,
ép. AIMAR III. de
POITIERS, C. de
Valentinois.

BERTRAND III.
Sire de BAUX,
ép. *Philipe* de
POITIERS.

PHILIPPE II.
de LEVIS,
Vicomte de
LAUTREC;
ép. *Eleonore*
d'APCHIER.

HUMBERT IV.
ép. *Margueritte*
de la TOUR-DU-PIN.

GUILL. de CHALON;
C. d'AUXERRE; ép.
Leonore, f. d'Amé V.
C. de SAVOYE.

BERMOND II.
d'ANDUZE;
ép. *Fleurie* de
BLACAS.

RAIMOND III.
Sire de BAUX;
ép. *Stephanie* de
PETENDARD.

GEORGE de
LEVIS, *Vicomte*
de LAUTREC;
ép. *Sanre* de la
BARTHE.

HUMBERT V.
ép. *Eleonore*
de BEAUJEU.

JEAN II. de CHALON
C. d'AUXERRE; ép.
Alix de BOURGOGNE.

AIMAR IV. de
POITIERS, C. de
Valentinois. ———— *Sibille* de
BAUX.

BERMOND III.
d'ANDUZE. ———— *Eleonore* de POITIERS.

PHILIPPE III,
de LEVIS, *Vic.*
de LAUTREC.

HUMBERT VI.
Sire de THOIRE
& de VILLARS. — *Beatrix* de
CHALON.

Eleonore de VILLARS.

LOUIS d'ANDUZE, *Seig.* de la Voute;
ép. *Margueritte* d'APCHON.

Antoinette d'ANDUZE. ———————— PHILIPE IV. de LEVIS, premier C. de VILLARS- 1432

Gaſparde de *LEVIS*, femme de CLAUDE de *LA BAUME*, II. Comte de MONTREVEL.

A a

Colonne 1
- [EU]DES II. *Duc* [de B]OURGOGNE; *ép. Marie* de [CH]AMPAGNE.
- [HU]GUE III. *Duc* [de B]OURGOGNE; *ép. Alix* de [L]ORRAINE.
- *Mathilde* de [BO]URGOGNE, femme de Jean [...]e de CHALON.
- [HU]GUE, *Comte Pal.* [de B]OURGOGNE,
- [...]RGOGNE, [...]LIARD.
- *Alix* de BOURGOGNE. ——

Colonne 2
- MATHIEU II. *Duc* de LORRAINE.
- *Margueritte* de LORRAINE; *ép.* Richard, *Comte* de MONTBELLIARD.
- THIERRI III. *Comte* de MONTBELLIARD; *ép. Alix* de FERRETTE.
- *Isabelle* de MONTBELLIARD; *ép.* Rodolphe, *Comte* de NEUCHATEL.
- *Guillemette* de NEUCHATEL.

Colonne 3
- ROBERT de COURTENAI, *Seig.* de Champignelle.
- *Isabeau* de COURTENAI, 2e femme de Jean le *Sage*, C. de CHALON.
- JEAN I. de CHALON, *Sieur* de Rochefort; *ép. Alix* de Bourgog. *Comtesse* d'Auxerre.
- GUILLAUME de CHALON, C. d'Auxerre & de Tonnerre; *ép. Leonore* de SAVOYE.
- JEAN II. de CHALON, C. d'Auxerre, &c.

Colonne 4
- THIBAUD I. *Sire* de NEUCHATEL.
- THIBAUD II. *Sire* de NEUCHATEL; *ép. Marie* de CHATEAUVILLAIN.
- THIBAUD III. *dit le Grand*; *ép. Margueritte* de MONTBELLIARD.
- THIBAUD IV. *Sire* de NEUCHATEL; *ép. Jeanne* de COMMERCI.
- THIBAUD V. *Sire* de NEUCHATEL.

Colonne 5
- ETIENNE I. *Comte* de BOURGOGNE, *Voy, Table* B. *ép. Judith* de LORRAINE.
- ETIENNE II. *ép. Beatrix*, C. de CHALON.
- JEAN I. C. de CHALON; *ép. Mathilde* de BOURGOGNE.
- HUGUE, *Comte Pal.* de BOURGOGNE.
- HENRI de BOURGOGNE, *Sr* de Montrond; *ép. Isabeau* de VILLARS.
- *Margueritte* de BOURGOGNE.

Colonne 6
- HUGUE II. C. de VAUDEMONT; *ép. Helvide* de SARBRUCK.
- HUGUE III. *ép. Margueritte* de NEUCHATEL.
- HENRI I. *ép. Margueritte* de VILLEHARDOUIN.
- HENRI II. *ép. Helisende* de VERGI.
- HENRI III. *ép. Margueritte* de LORRAINE.
- *Margueritte* C. de VAUDEMONT. ——

Colonne 7
- GEOFFROI III. *Sire* de JOINVILLE; *ép. Felicité* de BRIENNE.
- GEOFFROI IV. *Sire* de JOINVILLE; *ép. Helvide* de DAMPIERRE.
- SIMON, *Sire* de JOINVILLE; *ép. Beatrix* de BOURGOGNE Comté.
- JEAN, *Sire* de JOINVILLE; *ép. Alix* de GRANDPRE'.
- ANSEL, *Sire* de JOINVILLE. ——

Colonne 8
- VALERAN, *Duc* de LIMBOURG; *ép. Ermenson*, *Comtesse* de LUXEMBOURG.
- HENRI I. *Comte* de LUXEMBOURG; *ép. Margueritte* de BAR, *Dame* de Ligni.
- VALERAN I. de LUXEMBOURG, *Seig.* de Ligni; *ép. Jeanne*, *Dame* de BEAUREVOIR.
- VALERAN II. *ép. Guyotte* de L'ISLE.
- JEAN de LUXEMBOURG, *Seig.* de Ligni. ——

Alix de BOURGOGNE. —— JEAN II. de CHALON, C. d'Auxerre, &c. ⟶ *Jeanne* de CHALON.

Margueritte C. de VAUDEMONT. —— ANSEL, *Sire* de JOINVILLE. ⟶ HENRI V. *Comte* de VAUDEMONT.

HENRI V. *Comte* de VAUDEMONT. —— *Marie* de LUXEM[BOURG]. ⟶ *Alix* de JOINVILLE VAUDEMONT.

Jeanne de CHALON. —— THIBAUD V. *Sire* de NEUCHATEL. ⟶ THIBAUD VI. *Sire* de NEUCHATEL.

THIBAUD VI. *Sire* de NEUCHATEL. —— *Margueritte* de BOURGOGNE.

THIBAUD VII. *Sire* de NEUCHATEL. —— *Alix* de JOINVILLE VAUDEMONT.

THIBAUD VIII. *Sire* de NEUCHATEL, mari de *Guillemette* de VIENNE, *Dame* de Port-sur-S[...]

Bonne de NEUCHATEL, mariée à Jean de LA BAUME, III. C. de MONTREVE[L].

Beatrix de VIENNE ; ép. Hugue, Seig. d'ANTIGNI.
HENRI Seig. de SAINTE CROIX, & d'Antigni.
GUILLAUME Seig. d'ANTIGNI & de Sainte Croix ; ép. N... de JOIGNI.
GUILLAUME de SAINTE CROIX, Seig. de Savigni en Revermont.

THIERRI de MONTBELLIARD, Seig. de Montfort ; ép. Beatrix de BOURGOGNE-MONTAGU.
RICHARD de MONTAGU, Sieg. de Montrond ; ép. Jeanne de PONTALLIER.
Margueritte de MONTBELLIARD, Dame de Montrond.

ETIENNE de SAINTE CROIX, Seig. de Savigni ; ép. Alix, Dame de VERDUN sur Saone.

Jeanne de SAINTE-CROIX.

HUMBERT de LUIRIEUX, Chev. Vidame de Lompnes.
HUMBERT de LUIRIEUX.
JEAN de LUIRIEUX, Seig. de la Cueille ; ép. Marie de MIRIBEL.
HUMBERT de LUIRIEUX, Chev. Seig. de la Cueille ; ép. Ainarde de RIVOIRE, Dame de S. Alban.
GUILLAUME de LUIRIEUX, Seig. de la Cueille.

GUILLAUME de CHALON, Comte d'Auxerre ; ép. Leonore, f. d'Amé V. Duc de SAVOYE.
JEAN II. de CHALON, Comte de Tohnerre ; ép. Alix de BOURGOGNE-MONTBELLIARD.
TRISTAN de CHALON, Seig. de Chateaubellin ; ép. Jeanne de VIENNE.
Alix de CHALON.

FRANÇOIS I. Baron de SASSENAGE ; ép. Agnès de JOINVILLE.
Beatrix de SASSENAGE ; ép. Aimar de BERENGER, Seig. de Royans.
HENRI, Baron de SASSENAGE.

AIMAR de la TOUR DU PIN, Seig. de Vinay ; ép. Agnès de VILLARS.
HENRI de la TOUR, Seig. de Vinay ; ép. Beatrix de BAUX.
HUGUE de la TOUR, Seig. de Vinay ; ép. Aimaré de TOURNON.
Huguette de la TOUR.

FRANÇOIS II. Baron de SASSENAGE.

HUMBERT de LUIRIEUX, Seig. de la Cueille. — Jeanne de SASSENAGE.

Alix de LUIRIEUX, épouse de PIERRE de LA BAUME, Seig. de S. SORLIN.

GUI IV. Sire de la TRIMOILLE ; ép. Alix de VOUHET.
GUI V. ép. Radegonde GUENAUD.
GUILLAUME de la TRIMOILLE, C. de Joigni ; ép. Marie de MELLO.
Bonne de la TRIMOILLE.

JEAN, Sire de LONGVI.
MATHIEU de LONGVI, Seig. de Rahon ; ép. Alix de VIENNE.
JEAN de LONGVI ; Seig. de Rahon & de Givri ; ép. Guyone, Dame de FAUCOGNEY.
JEAN de LONGVI.

HENRI de VERGI, Sr de Mirebau ; ép. Elisabeth de RAY.
JEAN de VERGI, Seig. de Mirebeau ; ép. Margueritte de NOYERS.
GUILL. de VERGI, Seig. de Mirebeau ; ép. Isabeau de CHOISEUL.
Henriette de VERGI.

PHILIPPE de VIENNE, Sr de Pagni ; ép. Jeanne de GENEVE.
JEAN de VIENNE, Seig. de PAGNI ; ép. N.... Dame de ROLLANS.
PHILIPPE de VIENNE ; ép. Jeanne de CHAMBLI.
HUGUE de VIENNE.

JEAN I. de CHALON, Seig. de Rochefort ; ép. Alix de BOURGOGNE, Comtesse d'Auxerre.
GUILLAUME de CHALON, C. d'Auxerre ; ép. Leonore de SAVOYE.
JEAN de CHALON, ép. Alix de BOURGOGNE.
Henriette de CHALON.

FREDERIC Barberousse ; Emper. Voy. Table D.
OTHON I. Comte Pal. de BOURGOGNE.
Beatrix, C. de BOURGO. ép. Othou de MERANIE.
Alix de MERANIE ; ép. Hugue, C. de BOURG.
JEAN de BOURGOGNE.
HENRI.
Margueritte de BOURG. ép. Thibaud VII. Sire de NEUCHATEL.
Catherine de NEUCHAT. ép. Jean de GRANSON, Sr. de Pesmes.
Henriette de GRANSON.

MATHIEU de LONGVI, Seigneur de GIVRI.
JEAN de VIENNE, Seigneur de Neublans.

JEAN de LONGVI, Seigneur de Givri. — Jeanne de VIENNE.

PHILIPPE de LONGVI, Seig. de Givri ; ép. Jeanne de BAUFREMONT.
Jeanne de LONGVI, femme de GUI de LA BAUME, IV. Comte de MONTREVEL.

JEAN de LONGVI, Seig. de Givri ; ép. Jeanne, légitimée d'ORLEANS ENGOULEME.

Françoise de LONGVI ; ép. Philippe CHABOT, Amiral de France.
Jacqueline de LONGVI ; ép. Jean de BOURBON, Duc de MONTPENSIER.

Bb

Table G. Extraction de *Françoise* de *VIENNE*, dégré XII.

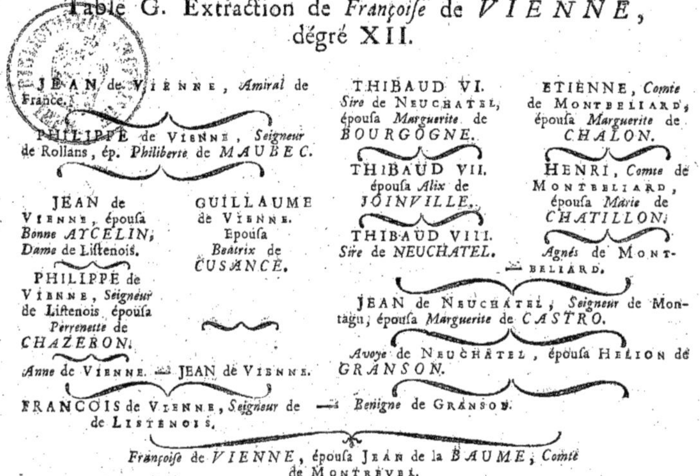

Table H. Extraction d'*Helene* de *TOURNON*, dégré XII.

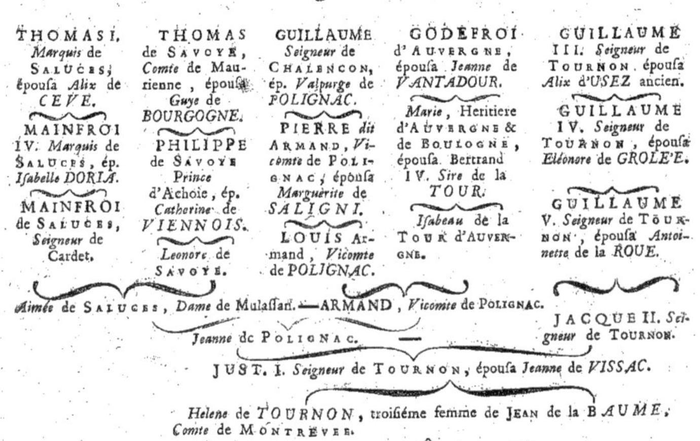

C

Table I. Extraction de *Guillemette* d'*IGNI*, dégré XI.

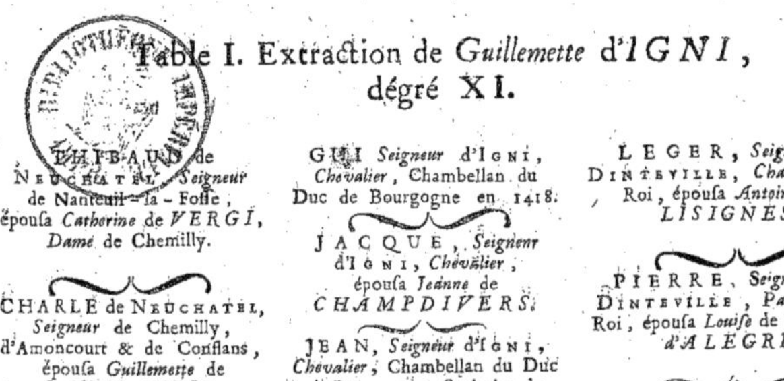

Table K. Extraction de *Nicole* de *MONTMARTIN*, dégré XIII.

Table L. voyez à la page suivante.

TABLE M.

Extraction de *Claire-Françoise* de SAULX de TAVANES, dégré XVI.

Colonne 1 :

JEAN, Roi de FRANCE, épousa *Bonne* de LUXEMBOURG.

PHILIPPE I. Duc de BOURGOGNE, épousa *Marguerite* de FLANDRES.

JEAN, Duc de BOURGOGNE, épousa *Marguerite* de BAVIERE.

PHILIPPE le Bon, Duc de BOURGOGNE.

MARIE, bâtarde de BOURGOGNE, épousa Philippe de BAUFREMONT.

Jeanne de BAUFREMONT.

Colonne 2 :

HENRI de LONGVY, *Voyez* la Table F.

JEAN de LONGVY, épousa *Henriette* de VERGI.

MATTHIEU, épousa *Bonne* de la TRIMOILLE.

JEAN de LONGVY, épousa *Jeanne* de VIENNE.

PHILIPPE de LONGVY.

Colonne 3 :

CHARLE V. Roi de FRANCE, épousa *Bonne* de BOURBON.

LOUIS de FRANCE, Duc d'ORLEANS, épousa *Valentine* de MILAN.

JEAN d'ORLEANS, Comte d'Angoulême, épousa *Marguerite* de ROHAN.

CHARLE d'ORLEANS, Comte d'Angoulême, *Jeanne* de POLIGNAC, Amie.

JEANNE, légitimée d'ORLEANS-ANGOULESME.

Colonne 4 :

Beatrix de FLANDRES, épousa. Guillaume de CRAON.

GUILLAUME de CRAON, Vicomte de Châteaudun, épousa *Jeanne* Dame de MONTBAZON.

Marie de CRAON, épousa *Louis* CHABOT, Seigneur de la Greve.

RENAUD CHABOT, Seigneur de Jarnac, épousa *Isabeau* de ROCHECHOUART

JEAN CHABOT, Seigneur de Jarnac.

Colonne 5 :

JEAN de LUXEMBOURG, Seigneur de Ligni, épousa *Marguerite* d'ENGHIEN.

PIERRE de LUXEMBOURG, Seigneur de Ligni, épousa *Marguerité* de BAUX.

THIBAUD de LUXEMBOURG, Seigneur de Fiennes, épousa *Philippe* de MELUN.

Magdelene de LUXEMBOURG.

Colonne 6 :

HUGUE de SAULX, Chevalier, épousa *Agnès* de BAUFREMONT.

GUILLAUME de SAULX, Seigneur d'Arc-sur-Thil, épousa *Guillemette* de BAUDONCOURT.

ERARD de SAULX, Seigneur d'Arc, épousa *Antoinette* de DINTEVILLE.

JEAN de SAULX, Seigneur d'Aurain, épousa *Marguerite* de TAVANNES.

GASPARD de SAULX, *Maréchal* de France, épousa *Françoise* de la BAUME-MONTREVEL.

JEAN de SAULX, Vicomte de TAVANES.

JEAN de LONGVY, Seigneur de Givri. — JEANNE, légitimée d'ORLEANS-ANGOULESME.

JEAN CHABOT, Seigneur de Jarnac. — *Magdelene* de LUXEMBOURG.

Françoise de LONGVY, Dame de Pagni, & de Mirebau.

PHILIPPE CHABOT, Amiral de France.

FRANÇOIS CHABOT, Comte de Charni, épousa *Françoise*, Dame de LUGNI.

JEAN de SAULX, Vicomte de TAVANES.

Catherine CHABOT, Dame de Lugni.

CHARLE de SAULX, Marquis de Lugni, Comte de Brancion, épousa *Philiberte* de la TOUR-d'OCCORS, Dame de Chaï & de Lieufran.

Claire-Françoise de SAULX, Marquise de Lugni, épousa CHARLE-FRANÇOIS de la BAUME, Marquis de SAINT-MARTIN.

Table L. Extraction de *Jeanne d'AGOUT de MONTAUBAN*, dégré XIV.

BERMOND de LEVIS, Baron de la Voute, épousa *Agnès de* CHATEAU-MORAND.

LOUIS, Comte de VENTADOUR, épousa *Catherine de* BEAUFORT.

RAIMOND I. de MONTAUBAN, *Seigneur de* Saint André, ép. *Isabeau de* SIMIANE.

HENRI de LENONCOURT, épousa *Jeanne de* BAUDRICOURT.

GRATIEN d'AGUERRE, *Gentilhomme* de Biscaye, épousa *Magdelene de* CASTRO.

JEAN de HANGEST, *Seigneur* de Genlis, épouse *Marie* d'AMBOISE.

LOUIS de LEVIS, Baron de la Voute.

Blanche de VENTADOUR.

RAIMOND II. de MONTAUBAN.

RAIMOND III. ép. *Annette de* CORNIERS.

THIERRI IV. *Sire de* LENONCOURT, épousa *Jeanne* de VILLE.

CLAUDE de MONTAUBAN, épousa *Louise* d'AGOUT, *Barone* de SAULT.

JEAN d'AGUERRE, *Chevalier*, Baron de Vienne-le-Châtel.

JOACHIM de HANGEST, *Seigneur* de Moyencourt, épousa *Jeanne de* MOY.

GILBERT de LEVIS, *Comte* de Ventadour, épousa *Jacqueline du* MAS.

LOUIS d'AGOUT de MONTAUBAN.

Jacqueline de LENONCOURT.

Blanche de LEVIS.

CLAUDE d'AGUERRE, Baron de Vienne, *Connetable* de Lorraine & Barois.

Jeanne de HANGEST.

FRANÇOIS d'AGOUT de MONTAUBAN, *Comte de Sault, épousa Jeanne de* VESC.

FRANÇOIS-LOUIS d'AGOUT de MONTAUBAN, de VESC, *Comte de Sault, Chev. du Saint-Esprit.*

Chrétienne d'AGUERRE, Veuve de François de BLANCHEFORT-CREQUI.

LOUIS d'AGOUT de MONTAUBAN, de VESC, qui mourut sans alliance ayant testé en faveur de sa mere, qui au préjudice de sa fille *Jeanne* d'Agout, donna aux Enfans de son premier mari les biens du second.

Jeanne d'AGOUT de MONTAUBAN, Epouse de CLAUDE-FRANÇOIS de la BAUME, *Comte de* MONTREVEL.

Table N. Extraction de *Florence* du CHATELET, dégré XVIII.

TANNEGUI le VENEUR, *Comte de* TILLIERS, *Seigneur de* Carrouge. Epousa *Magdelene de* PONPADOUR.

CHARLE-FLORENT de la MARCK, *Comte de* Maulevrier, épousa 1°. *Jacqueline* d'AVERTON de Saint Belin. 2°. *Antoinette de* la TOUR de LIMEUIL.

Marie le VENEUR, épousa PAUL, *Comte* de SALM & du Saint Empire.

Diane le VENEUR, épousa *Jacque de* ROUVILLE, *Comte* de Clinchamp.

1. *Françoise de* la MARCK, épousa HENRI PINART, *Vicomte* de Comblisi.

2. HENRI-ROBERT de la MARCK, *Duc de* Bouillon, épousa *Marguerite* d'AUTUN de CHANDOS.

Cristine, Comtesse de SALM, épousa FRANÇOIS de LORRAINE, *Comte* de VAUDEMONT.

JACQUE de ROUVILLE, *Comte* de Clinchamp.

Robette PINART, *Vicomtesse* de Comblisi.

Louise de la MARCK, épousa MAXIMILIEN ESCHALARD, *Marquis de* la Boulaye.

FRANÇOIS, *Duc* de LORRAINE, épousa *Claude de* LORRAINE.

Marie de ROUVILLE, femme de PIERRE de NEUVILLE *Marquis* de Saint Remi.

HENRI-ROBERT dit de la MARCK, épousa *Anne de* SAVEUSE.

CHARLE IV. *dit* V. Duc de LORRAINE, épousa *Eleonore* d'AUTRICHE.

Marie de NEUVILLE, *Dame de* Saint Remi, épousa *Charle-Antoine* du CHATELET, *Marquis de* Pierrefitte.

Louise-Magdelene de la MARCK, épousa *Jacque-Henri de* DUREFORT, *Duc de* Duras.

LEOPOLD I. *Duc de* LORRAINE, épousa *Charlotte* d'ORLEANS.

Marie-Gabrielle-Charlotte du CHATELET, épousa FLORENT du CHATELET, *Comte de* Lomont.

JEAN-BATISTE, Duc de DURAS.

Jeanne-Henriette, épousa HENRI de LORRAINE, Prince de LAMBESC.

Henriette Julio, ép. *François Charle* PIGNATELLI, C. d'EGMONT.

FRANÇOIS, CHARLE.

Florence du CHATELET, épousa MELCHIOR-ESPRIT de la BAUME, XIII° *Comte de* MONTREVEL.

Voyez l'*Histoire Généalogique de la Maison du* CHATELET, *par le R. P.* Dom Calmet, *où vous trouverez page* 117 *les* XXXII. *quartiers de* FLORENT-FRANÇOIS *du* CHATELET, *frere de Madame la Comtesse de* MONTREVEL.

D A